LETTRES
DE M. DEJOUX,

MEMBRE DE L'INSTITUT ET DE LA LÉGION D'HONNEUR,

RECTEUR DES ÉCOLES SPÉCIALES DE PEINTURE ET SCULPTURE,

SUR

LA STATUE COLOSSALE
DU GÉNÉRAL DESAIX.

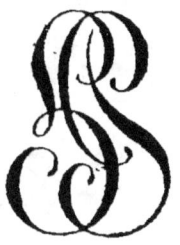

PARIS,

IMPRIMERIE DE H. PERRONNEAU.

Août 1810.

L'Auteur de ces Lettres, dont l'honneur se trouve gravement compromis par le Monument de la Place des Victoires, a cru devoir les publier, pour instruire le public, qu'excepté le modèle en plâtre de la statue de Desaix, exposé il y a quatre ans au Louvre, il n'a pu prendre aucune part a son exécution ultérieure ; que la statue a été, contre son avis, fondue par un procédé défectueux ; qu'elle a été moulée, coulée, réparée, recomposée sans son intervention ; que le piedestal bisarre qui la supporte, ainsi que l'accompagnement du petit obélisque, ont été conçus et exécutés contre son gré ; qu'enfin il proteste contre tout cet ensemble, dans lequel il ne reconnaît nullement son ouvrage.

LETTRES

DE M. DEJOUX,

SUR

LA STATUE COLOSSALE

DU GÉNÉRAL DESAIX.

Lettre de M. Dejoux à M. Lavallée.

Paris, 24 juillet 1807.

Monsieur,

Ayant réfléchi aux propositions verbales que vous avez pris la peine de me faire, relativement à ma statue colossale du général Desaix, j'ai l'honneur de vous prier de vouloir bien me les faire passer par lettre. Je suis décidé à ne faire aussi de réponse que par écrit, et à ne rien traiter de vive voix dans une affaire où mon honneur et celui des arts est si vivement intéressé, et dans laquelle personne ne peut sans doute mettre plus de dévouement que moi.

Signé Dejoux.

Lettre de M. Lavallée à M. Dejoux.

Paris, 27 juillet 1807.

Monsieur,

J'ai l'honneur de vous prévenir que le plâtre de votre statue du général Desaix, d'après lequel on va mouler pour la fonte, est terminé, et que l'on va commencer incessamment cette opération. J'ai pensé, Monsieur, que vous seriez flatté de le voir auparavant. Je vous prie donc de m'indiquer le jour et l'heure où vous comptez vous présenter à l'atelier des Barnabites, vis-à-vis le Palais, mon intention étant de m'y trouver avec vous.

Veuillez, Monsieur, me faire une prompte réponse, et agréer l'hommage de ma haute considération.

Pour et en l'absence du directeur général,

Signé Lavallée.

Lettre de M. Dejoux à M. Lavallée.

Monsieur,

Lorsque j'ai pris la liberté de vous prier de m'adresser par écrit les propositions que vous m'avez faites de vive voix, je desirais trouver un occasion de commencer à entrer en explication à l'égard de l'exécution de ma statue en bronze, et sur la manière dont on a procédé envers moi depuis quelque tems.

D'abord, Monsieur, vous n'ignorez pas que l'entreprise de la statue de Desaix a été commencée, réglée et concertée avec le Ministre de l'Intérieur. C'est à ce Ministre que j'ai remis toutes mes propositions sur la suite des travaux de l'entreprise. Elles ont été accueillies par lui; elles ont reçu sous son administration leur exécution, et je n'ai eu jusqu'à présent à traiter qu'avec lui. Permettez-moi donc d'observer que si l'entreprise avait changé d'administration, il me paraît qu'il eût été convenable, d'abord, de me le notifier d'une manière officielle, et ensuite de suivre les conventions proposées par moi au Ministre et implicitement acceptées par lui, ou de s'entendre avec moi sur les modifications qu'elles auraient pu subir.

J'ai stipulé avec le Ministre deux points qui divisent en deux tems, sous les rapports qui me sont personnels, l'entreprise que m'a confiée le Gouvernement;

1°. L'exécution de mon modèle pour une somme convenue (ce point est consommé); 2°. les travaux que doivent occasionner à l'artiste les procédés de la fonte de quelque manière que la statue soit fondue. Ces travaux sont la surveillance des opérations du mouleur qui sont d'une si grande conséquence pour la réussite du bronze, le réparage de la figure coulée par le mouleur, les divers réparages et les réparations que nécessitent les opérations de la fonte, la surveillance et la direction du ciselage, etc., etc. Le travail de l'artiste en personne étant indispensable dans tous les degrés par lesquels passe sa statue, et ce travail étant incalculable, puisqu'il dépend de l'habileté des ouvriers ou du bonheur des opérations les plus hasardeuses qu'il y ait, j'avais évalué pour le moins à deux ou trois années, les travaux qui devaient m'être personnels dans ces opérations, et en conséquence, j'avais stipulé un prix pour tout le détail de ces travaux.

Tel fut l'état de choses et de conventions sous lequel s'est exécuté en grande partie mon modèle colossal. Vers la fin de son exécution, M. le Directeur du Musée vint à diverses reprises dans mon atelier, et parut s'annoncer comme devant avoir dorénavant la direction de l'entreprise. Il m'en fit pressentir quelque chose en m'annonçant un jour *que le modèle terminé, je ne devais plus avoir à me mêler de rien*. Je ne repondis pas alors, ne pouvant rien concevoir à une telle doctrine. Cependant mon modèle terminé, je crus devoir en prévenir le Ministre de l'Intérieur, et par plus d'une lettre dont j'ai les originaux, j'invitai ce Ministre à me faire connaître ses intentions pour la suite de l'entreprise. Je ne reçus point de réponse; et sans aucune notification de la part de personne, un mouleur est venu s'emparer de ma figure : on a mis une nouvelle serrure à la porte de mon atelier. Je m'en suis vu ainsi chassé, évincé de mon ouvrage et de la surveillance toute naturelle et nécessaire que le sculpteur doit avoir sur les procédés et les opérations du mouleur. (J'en appelle là-dessus a l'usage, et j'assure que ce qui a été commis à mon égard ne l'a jamais été à l'égard d'aucun artiste.)

Je dévorai cet affront, et j'attendis l'occasion de faire comprendre que ce qui se pratiquait envers moi étoit un délit aussi préjudiciable à l'honneur des arts qu'aux intérêts du Gouvernement, puisqu'une entreprise aussi importante que celle de la fonte d'une statue colossale, allait se trouver livrée aux malfaçons d'ouvriers qui, pour être intelligens, chacun dans leur partie, ne pouvaient manquer, en l'absence de l'artiste, de dégrader, de déparer son étude, les formes et l'harmonie de son ouvrage, et étaient incapables de réparer les avaries indispensables qui arrivent, sous le rapport de l'art, dans toute entreprise de ce genre.

Aujourd'hui, Monsieur, vous me prévenez que le mouleur a fini son moulage, et vous m'invitez (à ce qu'il paraît par politesse) à venir voir le plâtre sorti de son moule. *Vous avez pensé, dites vous Monsieur, que je serai flatté de le voir avant l'opération de la fonte.* C'est donc avec raison que je dis que vous regardez cette démarche comme une simple honnêteté. Or, comme il me paraît qu'il y a dans ceci un grand mal-entendu, permettez-moi, Monsieur, de mettre sous vos yeux la doctrine pratique de l'art en cette partie. Une statue qui doit être coulée en métal est un ouvrage qui, pour subir plusieurs transformations de matière, n'en demande que plus impérieusement la surveillance assidue et la retouche continuelle de l'artiste. Si l'analyse administrative décompose cette opération, la connaissance de l'art et le goût s'opposent à ce que chaque procédé s'isole : l'artiste est l'ame de toutes ces opérations ; chacun des ouvriers qui opèrent sur son ouvrage le dépare, ou par son ignorance de l'art, ou par les accidens nécessaires de son procédé mécanique. L'artiste doit donc toujours être là pour refaire, racommoder, retoucher ; sinon on n'aurait qu'un travail de ciseleur semblable à celui des cloches ou des canons.

Et, par exemple, qui ne sait que le simple moulage en plâtre qui est si commun, pour bien qu'il soit fait, grossit toujours une figure, obstrue les formes, arrondit les vivacités du travail, amollit l'étude, efface les demi-teintes ? Qui ne sait que la remise en place des morceaux est un objet d'une délicatesse extrême, puisque le mouvement de la figure en dépend, et que le mouleur est inhabile à juger de la pose, de la pondération de la statue, du mouvement et de l'action de chaque partie. Ce serait une chose à faire honte et pitié que de livrer tous ces détails au jugement de l'homme qui n'a pas fait la statue, et sur-tout au libre arbitre d'un ouvrier ignorant de l'art.

Comment se fait-il que je sois dans la nécessité d'observer que jamais fondeur au monde ne procédera à fondre un modèle en plâtre qui n'aura pas été réparé, retouché par son auteur et mis au point d'être moulé définitivement de quelque manière qu'on s'y prenne pour la fonte? Faut-il que j'observe encore que personne autre que l'artiste (de son vivant) n'osera mettre la main sur son ouvrage, et que si l'on passait outre ces observations, je serais obligé, pour l'intérêt du Gouvernement et pour mon honneur, de protester publiquement contre cette hardiesse en faisant imprimer cette lettre?

Mais, Monsieur, si le mouleur avait, pour économiser l'ouvrage, bouché tous les noirs, obstrué tous les dessous de ma figure, et commis une multitude de malfaçons qui, pour être réparées, ont besoin que je reprenne la nature, et que je me livre peut-être à une nouvelle étude dans quelques parties ; vous jugez que je suis bien plus sûr encore que jamais fondeur ne procédera sans que j'aie réparé les fautes du mouleur. Or, c'est pour tous ces travaux qui sont les uns une suite nécessaire de l'opération du moulage, les autres le résultat accidentel de l'habileté plus ou moins grande du mouleur ; et par la connaissance que j'ai et qu'a tout artiste de ces avaries, que dans mes conventions avec le Ministre, j'avais stipulé une somme particulière pour tous ces travaux.

J'aurais bien autre chose à dire que je réserve pour une autre lettre, sur la nécessité que l'artiste préside en personne aux opérations de la fonte de quelque manière qu'elle se fasse. Les avaries de la fonte sont incalculables. Quel ciseleur osera, sans moi et sans ma direction, porter le ciselet sur des formes dont il ignore le sens et l'esprit, et s'il faut remettre quelque pièce, et si je me suis réservé des travaux accessoires comme ceux des cheveux à faire par moi-même dans le métal, et des retouches dans le nouveau plâtre même, qui pourra me suppléer ?

Vous voyez, Monsieur, que l'artiste n'a pas fini son ouvrage quand il a fini son modèle ; qu'il doit continuer, finir, faire et refaire toujours sa statue, jusqu'à ce qu'elle soit posée en place. Et ceci, Monsieur, est en même tems un devoir de sa part, et un droit qui ne peut être contesté par tous ceux qui administrent de semblables travaux. Le Ministre de l'Intérieur reconnaît ces principes, et nul artiste, jusqu'à ce jour, n'a été dans le cas seulement de réclamer des droits qui tiennent à la seule qualité d'artiste.

Ainsi, Monsieur, puisque, par un changement d'administration, s'il en existe à mon égard, je me suis trouvé chassé de mon atelier, arraché à la surveillance naturelle de travaux qui sont toujours les miens, quoique soumis aux opérations mécaniques du mouleur, du fondeur, du ciseleur; puisque mon droit paraît encore être méconnu par votre lettre qui semble ne m'inviter que par politesse à venir visiter l'ouvrage du mouleur avant que le fondeur se mette en besogne, je vous prie de trouver bon que je ne réponde pas à votre honnêteté. Il n'est question ici ni d'honnêteté, ni de procédé, ni de forme, ni de compliment. Il s'agit de reconnaître le droit que j'invoque de retoucher mon ouvrage dans les différentes transformations qu'il doit éprouver; il s'agit de me mettre à même d'en user.

J'ai l'honneur de vous le répéter. Mes conventions sont chez le Ministre de l'Intérieur; elles y reposent sur les principes et les faits que je viens de mettre sous vos yeux. Si l'entreprise a changé d'administrateur, ce changement ne peut en opérer à l'égard de ces principes et de ces faits.

Je demanderai donc qu'on me fasse connaître officiellement à quelle administration appartiennent actuellement les travaux de ma statue. Je demanderai ensuite qu'avec les modifications que les circonstances ont pu occasionner dans mes demandes, on exécute ce que le Ministre eût exécuté.

Et, en demandant ces choses, je crois et marquer mon zèle pour un Gouvernement qui a tant à cœur le progrès des arts, et satisfaire à ce qu'exige mon honneur.

J'ai celui d'être avec considération,

Signé Dejoux.

Paris, 2 août 1807.

Depuis cette époque, M. Dejoux n'a plus entendu parler de l'ouvrage que quelques jours avant qu'il fût découvert, et lorsqu'il était entièrement terminé.

Le 14 juillet 1810, M. le Directeur des Musées ayant rencontré M. Dejoux à la Classe des Arts de l'Institut, il l'engagea à venir voir à la place des Victoires le monument, avant qu'il fût découvert, l'assurant qu'il serait très-satisfait de l'ensemble et de l'éxécution du monument.

Cette invitation parut fort surprenante à M. Dejoux, et il fit le lendemain à M. Denon la réponse suivante.

Lettre de M. Dejoux à M. Denon, Directeur des Musées.

Paris, le 15 juillet 1810.

Monsieur le Directeur,

J'ai pensé avec un peu plus de réflexion à la proposition que vous m'avez faite hier.

Je me rendrais avec beaucoup d'empressement à votre invitation, si je pouvais me persuader que mon ouvrage pût fixer l'attention de Sa Majesté. Mais puis-je appeler mon ouvrage, un monument moulé, réparé, fondu, ciselé et modifié, sans que j'aie eu le droit sacré pour tout artiste, de surveiller toutes ces opérations. Ma statue m'a été enlevée; on en a changé la composition ; on lui a fait un piedestal sans me consulter. Je ne peux plus en répondre ; je ne saurais dès lors me trouver où vous me proposez de me rendre.

J'ai l'honneur, etc.

Signé Dejoux.

Note pour être insérée au Procès-Verbal de la discussion des Prix décennaux.

Je prie la Classe des Beaux-Arts de l'Institut, de consigner dans le Procès-Verbal de sa discussion sur les ouvrages de sculpture, la demande que j'ai l'honneur de lui faire, qu'il soit dit, que soit la mention honorable du jury, sur la statue colossale du général Desaix; soit le suffrage indulgent de la Commission, reposent sur le modèle de ladite statue, tel qu'il a été vu du public, en 1806, et qu'il existe encore dans une salle du Louvre, et non sur l'exécution de cette même statue en bronze à la place des Victoires, à Paris; exécution à laquelle j'ai été empêché de prendre part, et dont par conséquent je ne peux ni ne dois répondre.

Paris, le 25 août 1810.

Signé Dejoux.

Cette proposition a été adoptée unanimement par la Classe des Beaux-Arts, et insérée dans le procès-verbal de la séance du 25 août 1810.

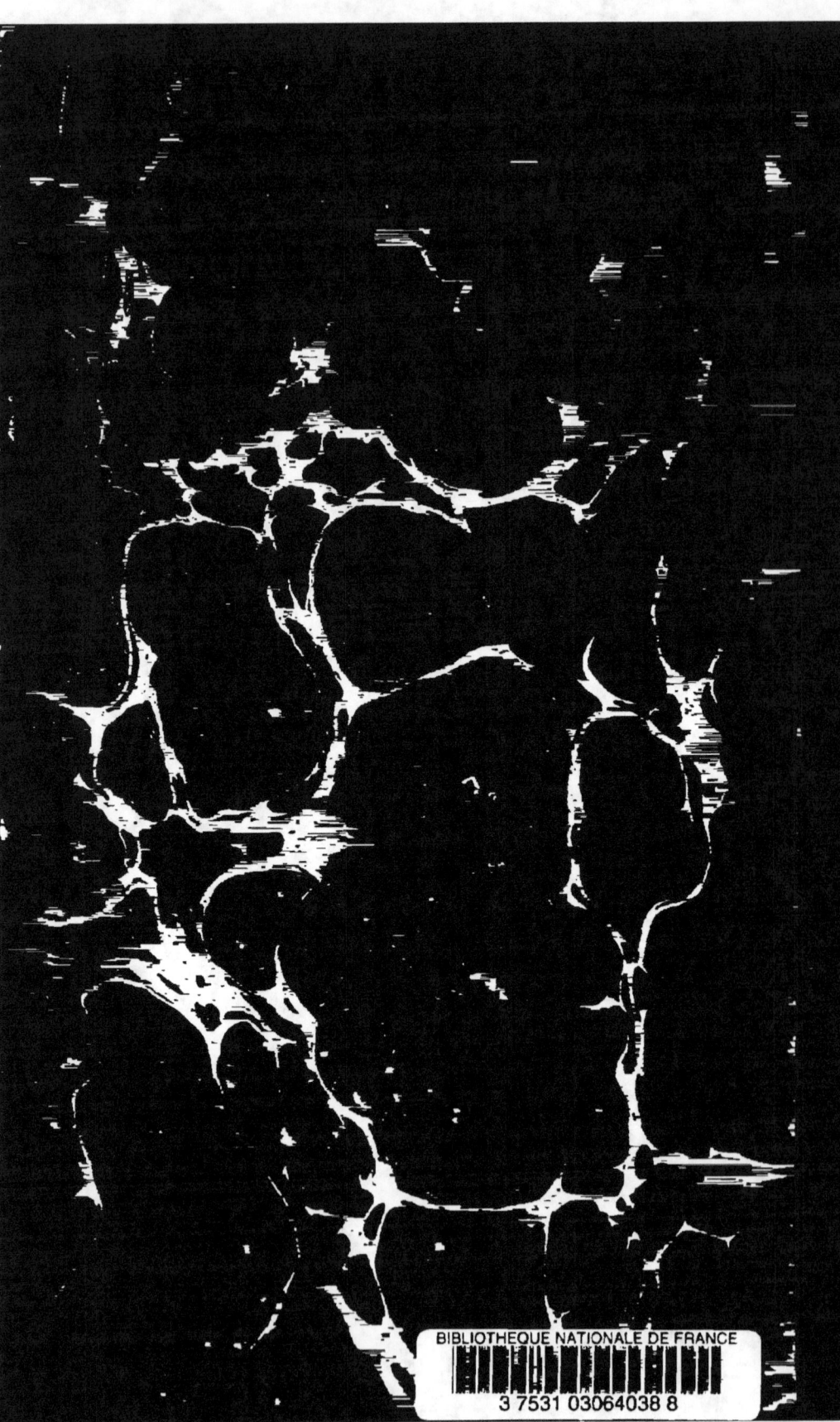

www.ingramcontent.com/pod-product-compliance
Lightning Source LLC
Chambersburg PA
CBHW050040230526
45470CB00003B/1367